자비하신 성모님,

삶의 다양한 순간마다 묵주 기도 안에서
당신을 찾는 저희를 굽어보소서.
저희가 드리는 지향이 주님 뜻에 합당하도록
이끌어 주시고,
나날이 참된 그리스도인으로
살아갈 수 있도록 하소서.
아멘.

시작한 날 •　_____

마친 날 •　_____

이름(세례명) •　_____

《묵주 기도 노트》 시작하기

- 《묵주 기도 노트》는?

　묵주 기도는 성모님과 더불어 하느님께 바치는 기도입니다. 그리스도인은 묵주 기도를 바치며 신앙의 모범이신 성모님을 본받아 주님의 수난과 부활을 묵상하고, 삶의 어려운 순간마다 자애로우신 어머님께 전구를 청합니다. 특별한 은총을 청하고자 할 때에는 묵주의 9일 기도를 바치기도 합니다. 하지만 9일 기도를 바치는 일은 쉽지 않기에 중간에 포기해 버리는 분들도 많습니다. 《묵주 기도 노트》는 이러한 어려움을 이겨 내고, 매일 성모님께 드리는 나의 청원을 기록하고 감사한 마음을 담을 수 있도록 구성되었습니다. 이를 통해 기도의 은총을 되새기고 9일 기도가 끊기지 않도록 도와줍니다.

- 어떻게 구성되었나요?

　노트를 작성하기 전, 9일 기도 동안 어떤 청원을 드릴 것인지 정합니다. 노트에 청원 내용을 적을 때에는 좀 더 세부적으로 적습니다. 만약 가족 공동체를 위해서 기도드리기로 했다면 '나의 자녀가 새로운 직장에서 잘 적응할 수 있기를 청하며' 처럼 구체적인 기도를 매일 바칠 수 있습니다.

기도를 바치기 전에는 오늘 하루를 돌아보며 성모님과 온전히 하나 되길 청하고, 성찰한 바도 봉헌할 수 있도록 합니다. 묵주 기도를 바친 후에는 더욱 깊은 묵상과 기도로 이끌어 주는 묵상 글을 읽으며 이 기도의 신비를 되새깁니다. 마지막으로 기도 중에 받았던 은총을 기억하고, 이 순간 함께해 주신 주님과 성모님께 감사드리며 마무리합니다.

- 언제, 어떻게 활용할까요?

성모님은 우리를 주님께 이끌어 주는 좋은 동반자입니다. 특히 내 삶에 어려움이 있을 때 묵주 기도와 함께하면 이를 이겨 낼 힘을 얻게 됩니다. 그래서 이 노트는 9일 기도를 더 깊이 있게 바칠 수 있도록 합니다. 혹시 9일 기도가 중단되었더라도 이 노트를 이용하면 언제든 새로운 마음으로 다시 시작할 수 있습니다. 하느님께서는 우리를 사랑하시기에 끊임없이 당신 곁으로 부르고 계십니다.

유의해야 할 점은 기도를 바치기 전에 나의 청원이 주님 뜻에 합당하기를 청해야 한다는 것입니다. 그렇게 할 때 신앙의 모범이신 성모님께서는 당신을 본받아 기도 안에서 하나 되고자 하는 그 마음을 어여삐 여기시어 전구해 주실 것입니다.

《묵주 기도 노트》 이렇게 사용해 보세요!

체크 리스트 작성 예시

9/19	9/20	9/21	9/22	9/23
	세상의 모든 가족 공동체를 위해 기도드리기	항암 치료 중인 엄마의 쾌유를 위해 기도드리기		
환희 1	빛 2	고통 3	4	5

9/24	9/25	9/26	9/27	Memo
				이번 주간은 가족을 위한 지향으로 기도드리기
6	7	8	9	

▶ 1. 기도한 날짜를 적으세요. 매일매일 묵주 기도를 바쳤는지 기록해 둔다면 9일 기도를 하루도 빠짐없이 바칠 수 있습니다.

▶ 2. 오늘 내가 바친 신비를 기록하면 54일, 72일의 긴 여정 동안 하루도 빠트리지 않고 꾸준히 기도를 바칠 수 있습니다. 또한 기도를 중단했다가 다시 시작하는 경우에도 내가 어느 신비까지를 바쳤는지 기억하는 데 도움이 됩니다.

▶ 3. 꼭 기억해야 하는 중요한 지향이 있다면 체크 리스트에 적어 보세요.

▶ 4. 메모 공간을 활용하면 좀 더 자유롭게 기록할 수 있습니다.

본문 작성 예시

묵주 기도 1일차

Date 2022. 9 . 19 . 월

▶ **1. 청원 작성하기**
오늘 하루 동안 어떤 지향으로 묵주 기도를 바칠 것인지 적습니다.

세상의 모든 가족 공동체를 위하여 기도합니다

• • •
오늘의 성찰

▶ **2. 오늘 나의 하루를 돌아보기**
묵주 기도를 시작하기 전에 오늘 나의 삶은 어떠했는지 성찰해 봅니다. 성찰한 바를 기도 중에 봉헌할 수 있도록 하고, 성모님과 온전히 하나 되기를 청합시다.

오늘 하루 동안 가족들에게 상처가 되는 말을 했던 듯하였습니다. 이번 9월 기도는 특별히 가정 공동체로 모든 가정 공동체가 주님 사랑을 실천하는 못자리가 되길 청합니다.

신비 5단을 바치세요.

하느님은 언제든지 우리를 놀라게 하실 수 있고 우리의 뜻을 꺾으실 수도 있으며 우리의 계획을 위기에 처하게 하실 수도 있습니다. 하느님은 에게 이렇게 말씀하십니다. "나를 믿어라. 두려워하지 마라. 내가 라운 일들을 받아들여라. 너 자신 안에 갇혀 있지 말고 밖으로 나 리고 나를 따라라!"

— 《프란치스코 교황과 함께 바치는 첫 묵주 기

▶ **3. 묵상하기**
기도가 끝난 후, 묵주 기도의 신비를 되새기며 묵상할 수 있는 글을 실었습니다. 기도를 통해 내게 오신 주님의 말씀을 묵상하고 깨달을 수 있도록 합니다.

• • •
성모님께 봉헌하는 나의 기도 꽃다발

성모님, 저는 오늘 기도 중에 성가정의 신비를 다시 한번 묵상하였습니다. 성가정을 이루었던 성모님과 요셉 성인의 사랑과 용기가 큰 위안을 주었습니다. 이 세상 모든 가정이 서로

▶ **4. 오늘 받았던 은총 떠올리기**
묵주 기도 중에 받았던 은총이나 느낌 등을 솔직하고 구체적으로 적습니다. 오늘 나의 하루와 기도를 바치는 이 순간 함께해 주신 예수님과 성모님께 드리는 감사함을 표현해 보세요. 기도문처럼 적어도 좋고, 성모님께 드리는 편지 형식으로 작성해도 좋습니다.

묵주 기도로 하는 9일 기도 방법

요한 바오로 2세 성인 교황은 교황 재위 제25주년 첫날인 2002년 10월 16일, 교서 〈동정 마리아의 묵주 기도〉를 반포하였습니다. 교황은 이 교서에서 그리스도 공생활의 주요 신비를 묵상하는 '빛의 신비'를 추가하였습니다. 이 '빛의 신비'를 첨가하여 바칠 경우에는 묵주 기도의 마지막 날(27일)에 바치는 고통의 신비에 이어 영광의 신비를 5단 더 바치고 신령성체의 기도를 바칩니다.

청원의 기도

1	2	3	4	5	6	7	8	9
환희	빛	고통	영광	환희	빛	고통	영광	환희
10	11	12	13	14	15	16	17	18
빛	고통	영광	환희	빛	고통	영광	환희	빛
19	20	21	22	23	24	25	26	27
고통	영광	환희	빛	고통	영광	환희	빛	고통 청원 마침 영광

감사의 기도

1	2	3	4	5	6	7	8	9
환희	빛	고통	영광	환희	빛	고통	영광	환희
10	11	12	13	14	15	16	17	18
빛	고통	영광	환희	빛	고통	영광	환희	빛
19	20	21	22	23	24	25	26	27
고통	영광	환희	빛	고통	영광	환희	빛	고통 감사 마침 영광

9일 기도는 청원하는 마음으로 9일씩 세 번(청원 기도), 감사하는 마음으로 9일씩 세 번(감사 기도)을 하여 모두 54일 동안 매일 묵주 기도 5단을

바칩니다. 또한 네 가지 신비를 아홉 번씩 하여 72일 기도를 바칠 수도 있습니다(하단의 표 참고). 이에 《묵주 기도 노트》는 신자들이 가장 보편적으로 바치는 기도 방식인 54일, 72일 9일 기도를 모두 바칠 수 있도록 구성하였습니다.

청원의 기도

1	2	3	4	5	6	7	8	9
환희	빛	고통	영광	환희	빛	고통	영광	환희
10	11	12	13	14	15	16	17	18
빛	고통	영광	환희	빛	고통	영광	환희	빛
19	20	21	22	23	24	25	26	27
고통	영광	환희	빛	고통	영광	환희	빛	고통
28	29	30	31	32	33	34	35	36
영광	환희	빛	고통	영광	환희	빛	고통	영광

감사의 기도

1	2	3	4	5	6	7	8	9
환희	빛	고통	영광	환희	빛	고통	영광	환희
10	11	12	13	14	15	16	17	18
빛	고통	영광	환희	빛	고통	영광	환희	빛
19	20	21	22	23	24	25	26	27
고통	영광	환희	빛	고통	영광	환희	빛	고통
28	29	30	31	32	33	34	35	36
영광	환희	빛	고통	영광	환희	빛	고통	영광

하지만 반드시 54일, 72일 방식을 택할 필요는 없습니다. 어떤 기도 방법으로 기도를 해도 됩니다. 중요한 것은 기도하는 마음에 있습니다. 각자 상황에 따라 알맞은 방식을 택하여 노트를 작성하세요. 무엇보다 중요한 것은 꾸준히 기도를 바치며 이 안에서 주님의 생애를 묵상하고, 내 삶을 성찰하는 데에 있습니다.

묵주 기도 5단 드리는 법

묵주 기도를 바치는 순서

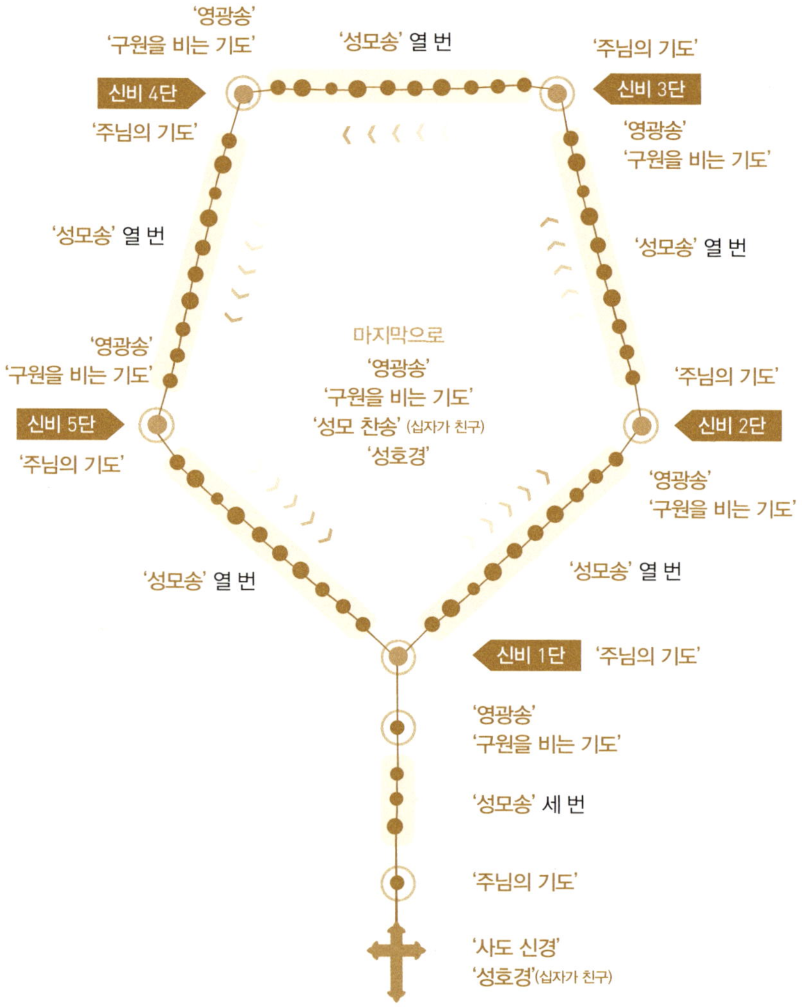

- **신비 4단**
  - '영광송'
  - '구원을 비는 기도'
  - '주님의 기도'
  - '성모송' 열 번

- **신비 3단**
  - '주님의 기도'
  - '영광송'
  - '구원을 비는 기도'
  - '성모송' 열 번

- **신비 5단**
  - '영광송'
  - '구원을 비는 기도'
  - '주님의 기도'
  - '성모송' 열 번

- **신비 2단**
  - '주님의 기도'
  - '영광송'
  - '구원을 비는 기도'
  - '성모송' 열 번

- **신비 1단**
  - '주님의 기도'
  - '영광송'
  - '구원을 비는 기도'
  - '성모송' 세 번
  - '주님의 기도'
  - '사도 신경'
  - '성호경' (십자가 친구)

마지막으로
- '영광송'
- '구원을 비는 기도'
- '성모 찬송' (십자가 친구)
- '성호경'

주요 기도문

성호경

(십자 성호를 그으며)

성부와 성자와 성령의 이름으로. 아멘.

사도 신경

전능하신 천주 성부
천지의 창조주를 저는 믿나이다.
그 외아들 우리 주 예수 그리스도님

(밑줄 부분에서 모두 깊은 절을 한다.)

<u>성령으로 인하여 동정 마리아께 잉태되어 나시고</u>
본시오 빌라도 통치 아래서 고난을 받으시고
십자가에 못 박혀 돌아가시고 묻히셨으며
저승에 가시어 사흗날에 죽은 이들 가운데서 부활하시고
하늘에 올라 전능하신 천주 성부 오른편에 앉으시며
그리로부터 산 이와 죽은 이를 심판하러 오시리라 믿나이다.
성령을 믿으며
거룩하고 보편된 교회와 모든 성인의 통공을 믿으며
죄의 용서와 육신의 부활을 믿으며
영원한 삶을 믿나이다.
아멘.

주님의 기도

하늘에 계신 우리 아버지,
아버지의 이름이 거룩히 빛나시며
아버지의 나라가 오시며
아버지의 뜻이 하늘에서와 같이
땅에서도 이루어지소서!
오늘 저희에게 일용할 양식을 주시고
저희에게 잘못한 이를 저희가 용서하오니
저희 죄를 용서하시고
저희를 유혹에 빠지지 않게 하시고
악에서 구하소서.
아멘.

성모송

은총이 가득하신 마리아님, 기뻐하소서!
주님께서 함께 계시니 여인 중에 복되시며
태중의 아들 예수님 또한 복되시나이다.
천주의 성모 마리아님,
이제와 저희 죽을 때에
저희 죄인을 위하여 빌어 주소서.
아멘.

영광송

(밑줄 부분에서 고개를 숙이며)

영광이 성부와 성자와 성령께
처음과 같이 이제와 항상 영원히.
아멘.

구원을 비는 기도

예수님, 저희 죄를 용서하시며
저희를 지옥 불에서 구하시고
연옥 영혼을 돌보시며
가장 버림받은 영혼을 돌보소서.

신령성체의 기도

지극히 거룩한 성사 안에
참으로 계시는 우리 주 예수님,
지금 성체 안의 당신을 영할 수는 없사오나
지극한 사랑으로 간절히 바라오니,
거룩하신 당신 어머니의 티없으신 성심을 통해
영적으로 저의 마음에 오소서.
오셔서 영원토록 사시옵소서.
당신은 제 안에 계시고 저는 또 당신 안에서
이제와 또한 영원히 살게 하소서.

성모 찬송

○ 모후이시며 사랑이 넘친 어머니,
　우리의 생명, 기쁨, 희망이시여,
● 당신 우러러 하와의 그 자손들이
　눈물을 흘리며 부르짖나이다.
　슬픔의 골짜기에서.
○ 우리들의 보호자 성모님,
　불쌍한 저희를
　인자로운 눈으로 굽어보소서.
● 귀양살이 끝날 때에
　당신의 아들, 우리 주 예수님 뵙게 하소서.
　너그러우시고, 자애로우시며
　오! 아름다우신 동정 마리아님.
○ 천주의 성모님, 저희를 위하여 빌어 주시어
● 그리스도께서 약속하신 영원한 생명을 얻게 하소서.
✚ 기도합시다.
　하느님,
　외아드님께서 삶과 죽음과 부활로
　저희에게 영원한 구원을 마련해 주셨나이다.
　복되신 동정 마리아와 함께 이 신비를 묵상하며
　묵주 기도를 바치오니
　저희가 그 가르침을 따라
　영원한 생명을 얻게 하소서.
　우리 주 그리스도를 통하여 비나이다.
◎ 아멘.

환희의 신비

제1단 마리아께서 예수님을 잉태하심을 묵상합시다.
제2단 마리아께서 엘리사벳을 찾아보심을 묵상합시다.
제3단 마리아께서 예수님을 낳으심을 묵상합시다.
제4단 마리아께서 예수님을 성전에 바치심을 묵상합시다.
제5단 마리아께서 잃으셨던 예수님을 성전에서 찾으심을 묵상합시다.

빛의 신비

제1단 예수님께서 세례 받으심을 묵상합시다.
제2단 예수님께서 카나에서 첫 기적을 행하심을 묵상합시다.
제3단 예수님께서 하느님 나라를 선포하심을 묵상합시다.
제4단 예수님께서 거룩하게 변모하심을 묵상합시다.
제5단 예수님께서 성체성사를 세우심을 묵상합시다.

고통의 신비

제1단 예수님께서 우리를 위하여 피땀 흘리심을 묵상합시다.
제2단 예수님께서 우리를 위하여 매 맞으심을 묵상합시다.
제3단 예수님께서 우리를 위하여 가시관 쓰심을 묵상합시다.
제4단 예수님께서 우리를 위하여 십자가 지심을 묵상합시다.
제5단 예수님께서 우리를 위하여 십자가에 못 박혀 돌아가심을 묵상합시다.

영광의 신비

제1단 예수님께서 부활하심을 묵상합시다.
제2단 예수님께서 승천하심을 묵상합시다.
제3단 예수님께서 성령을 보내심을 묵상합시다.
제4단 예수님께서 마리아를 하늘에 불러올리심을 묵상합시다.
제5단 예수님께서 마리아께 천상 모후의 관을 씌우심을 묵상합시다.

성모님과 함께하는 묵주 기도

/	/	/	/	/
1	2	3	4	5
/	/	/	/	/
10	11	12	13	14
/	/	/	/	/
19	20	21	22	23
/	/	/	/	/
28	29	30	31	32

/	/	/	/	Memo
6	7	8	9	
/	/	/	/	
15	16	17	18	
/	/	/	/	
24	25	26	27	
/	/	/	/	
33	34	35	36	

37	38	39	40	41
46	47	48	49	50
55	56	57	58	59
64	65	66	67	68

/	/	/	/	Memo
42	43	44	45	
/	/	/	/	
51	52	53	54	
/	/	/	/	
60	61	62	63	
/	/	/	/	
69	70	71	72	

도움의 성모님,
당신의 망토 아래 저희를 모아 들이시고 보호하소서.
시련 중에 있는 저희에게 힘을 주시고
저희 마음에 미래에 대한 희망의 등불을 켜 주소서.

— 프란치스코 교황

묵주 기도
1일차

Date . . .

위하여 기도합니다

・••
오늘의 성찰

신비 5단을 바치세요.

> 하느님은 언제든지 우리를 놀라게 하실 수 있고 우리의 뜻을 꺾으실 수도 있으며 우리의 계획을 위기에 처하게 하실 수도 있습니다. 하느님은 우리에게 이렇게 말씀하십니다. "나를 믿어라. 두려워하지 마라. 내가 하는 놀라운 일들을 받아들여라. 너 자신 안에 갇혀 있지 말고 밖으로 나가라. 그리고 나를 따라라!"
>
> — 《프란치스코 교황과 함께 바치는 첫 묵주 기도》 중에서

・••
성모님께 봉헌하는 나의 기도 꽃다발

묵주 기도
2일차

Date . . .

위하여 기도합니다

오늘의 성찰

신비 5단을 바치세요.

> 당신의 고통을 예수님과 성모님의 고통에 일치시킬 수 있는가? 살아가면서 겪는 고통과 불편을 인내롭게 견딜 수 있는가? 지금 당신 삶에서 가장 고통스러운 것은 무엇인가? 그것을 예수님의 고통과 일치시키자. 죽음은 가장 완벽한 사랑이다. 그 완벽한 사랑을 예수님과 함께 나눈다면 구원에 보탬이 될 것이다.
>
> — 《묵주 기도》 중에서

성모님께 봉헌하는 나의 기도 꽃다발

묵주 기도
3일차

Date . . .

위하여 기도합니다

오늘의 성찰

신비 5단을 바치세요.

> 저는 가정을 평화롭게 하지 않은 채로 하루를 마무리하지 말 것을 간곡히 권유합니다. "그러면 나는 어떻게 평화롭게 할 것인가? 무릎을 꿇어서? 아닙니다! 단지 작은 몸짓, 사소한 것으로 가정의 화목을 되찾게 될 것입니다. 말없이 부드럽게 어루만지는 것만으로도 충분합니다. 그러니 여러분의 가정이 평화롭지 않은 채로 하루를 마무리해서는 안 됩니다."
>
> — 《프란치스코 교황이 알려 주는 가정 성화의 길》 중에서

성모님께 봉헌하는 나의 기도 꽃다발

Date . . .

위하여 기도합니다

오늘의 성찰

신비 5단을 바치세요.

> 하느님께서 우리와 소통하시는 데는 순수한 믿음의 차원보다 더 좋은 길이 없다. 이 차원은 너무 깊기 때문에 우리의 영혼에 직접적으로 나타나지는 않는다. 하느님은 우리 기능으로 파악할 수 없는 분이시다. 그분에게는 적절한 이름을 붙일 수도 없다. 우리 정신으로는 그분을 알 수 없고 오직 사랑으로만 그분을 알 수 있다.
>
> — 《마음을 열고 가슴을 열고》 중에서

성모님께 봉헌하는 나의 기도 꽃다발

묵주 기도
5일차

Date . . .

위하여 기도합니다

오늘의 성찰

신비 5단을 바치세요.

> 우리 각자의 어머니처럼, 성모님은 우리와 함께 걷고 싸우면서 하느님의 사랑이 끊임없이 부어지도록 이끌어 주십니다. 멕시코의 후안 디에고 성인에게 하셨던 것처럼, 성모님은 우리에게도 모성애 가득한 위안을 주시며 이렇게 말씀하십니다. "힘들어하지 마라. 네 어머니인 내가 여기 있지 않느냐?"
>
> ─《프란치스코 교황이 초대하는 이달의 묵상: 성모 마리아》 중에서

성모님께 봉헌하는 나의 기도 꽃다발

Date . . .

위하여 기도합니다

오늘의 성찰

신비 5단을 바치세요.

예수님을 따른다는 것은 다른 이들을 만나기 위해, 삶의 변두리로 가기 위해 우리 자신에게서 나가는 법을 배운다는 뜻입니다. 또한 우리의 형제자매들, 특별히 가장 멀리 떨어져 있는 이들, 사람들에게 잊힌 이들, 우리의 이해와 위로와 도움이 절실히 필요한 이들을 위해 가장 먼저 움직이는 법을 배운다는 뜻입니다.

― 《프란치스코 교황과 함께 드리는 첫 묵주 기도》 중에서

성모님께 봉헌하는 나의 기도 꽃다발

묵주 기도
7일차

Date . . .

위하여 기도합니다

오늘의 성찰

신비 5단을 바치세요.

> 스쳐 지나가는 산들바람에서 하느님께서 나를 부드럽게 어루만지시는 것을 상상할 수 있습니다. 따뜻한 햇볕으로 느껴지는 온기에서 하느님 사랑이 이처럼 우리 온몸으로 다가오는 것을 상상할 수 있습니다. 이처럼 하느님께서 모든 것 안에서 사랑과 구원을 위해 항상 우리 곁에 계신다고 생각할 수 있습니다.
>
> ―《기쁨, 영혼의 빛》 중에서

성모님께 봉헌하는 나의 기도 꽃다발

묵주 기도 8일차

Date . . .

위하여 기도합니다

오늘의 성찰

신비 5단을 바치세요.

> 저희를 항상 인자하게 안아 주시는 성모님, 카나의 혼인 잔치에서처럼 저희를 대신하여 예수님께 은총을 구해 주시고, 예수님이 시키는 대로 따를 수 있는 용기를 저희에게 전해 주소서. 우리 주 예수 그리스도의 이름으로 비나이다. 아멘.
>
> — 《묵주 기도》 중에서

성모님께 봉헌하는 나의 기도 꽃다발

묵주 기도
9일차

Date . . .

위하여 기도합니다

오늘의 성찰

신비 5단을 바치세요.

> 하느님의 현존에 모든 것을 내맡겨 드리는 신뢰가 있을 때, 가장 좋은 기도를 바칠 수 있습니다. 이는 우리가 하느님의 말씀을 듣고 하느님이 우리의 말을 들어주시는 때이며, 말이 필요 없을 만큼 마음과 마음이 합쳐지는 자리입니다.
>
> ― 《프란치스코 교황이 초대하는 이달의 묵상: 기도》 중에서

성모님께 봉헌하는 나의 기도 꽃다발

가브리엘 대천사의 방문을 받고 하느님께 응답했을 때,
장차 메시아의 어머니로서 누릴 영광이나
이스라엘 여인들 중 간택된 자의 특은을
생각했던 건 아니랍니다.
나는 오직 하느님을 위해,
그분께서 나를 도구로 쓰시기만을 원했어요.

— 《마리아의 비밀》 중에서

묵주 기도
10일차

Date . . .

위하여 기도합니다

오늘의 성찰

신비 5단을 바치세요.

성모님은 언제나 우리 마음 안에, 성실한 신앙생활 안에, 특히 그리스도인의 신앙 여정 안에 함께하십니다. 우리가 걷는 신앙의 길은 성모님이 걸으신 길과 동일합니다. 그러기에 우리는 우리 곁에 아주 가까이 계시는 성모님을 느낄 수 있습니다!

— 《프란치스코 교황이 초대하는 이달의 묵상: 성모 마리아》 중에서

성모님께 봉헌하는 나의 기도 꽃다발

Date　　　.　　　.　　　.

위하여 기도합니다

오늘의 성찰

신비 5단을 바치세요.

사랑이신 주님, 저희는 종종 바쁘고 힘들다는 핑계로 무표정한 얼굴을 하고 자신만의 공간으로 들어가 버리곤 합니다. 그러나 그것은 저희가 진정으로 바라는 일이 아닙니다. 저희는 주님 사랑을 실천해야 할 소명을 깨닫기를 바랍니다.

— 《프란치스코 교황이 알려 주는 가정 성화의 길》 중에서

성모님께 봉헌하는 나의 기도 꽃다발

묵주 기도
12일차

Date   .   .   .

_____ 위하여 기도합니다

오늘의 성찰

_____
_____
_____

신비 5단을 바치세요.

우리는 모든 것을 당연하게 여기는 경우가 많습니다! 하느님이 주신 선물도 그렇게 여깁니다. 주님께 무언가를 청하는 기도는 쉽게 하면서도 그분께 감사드리는 것은 주저합니다. 그럴 이유가 별로 없다는 것입니다. 하지만 모든 것이 주님의 선물입니다. 이 사실을 깨닫는 사람만이 기쁨으로 주님께 감사드리고 이웃에게 봉사할 수 있습니다.

— 《프란치스코 교황과 함께 드리는 첫 묵주 기도》 중에서

성모님께 봉헌하는 나의 기도 꽃다발

_____
_____
_____

Date   .   .   .

_____ 위하여 기도합니다

오늘의 성찰

신비 5단을 바치세요.

> 사랑이신 주님, 오늘 저희에게는 여러 가지 일들이 많았으나 이제 여기서 주님 사랑으로 가득 차 평화롭게 될 수 있었습니다. 이러한 평화를 저희 마음에 내려 주신 주님께 참으로 감사드립니다. 앞으로도 저희에게 이러한 평화를 내려 주시어 저희 마음속에 주님의 평화가 풍성할 수 있도록 도와주소서.
>
> —《프란치스코 교황이 알려 주는 가정 성화의 길》중에서

성모님께 봉헌하는 나의 기도 꽃다발

묵주 기도
14일차

Date . . .

위하여 기도합니다

• • •
오늘의 성찰

신비 5단을 바치세요.

진정으로 기도한다는 것은, 하느님의 말씀에 주의를 기울여 듣고 있다는 것입니다. 또한 기도는 우리가 간청하는 은총으로 무엇을 해야 하는지를 하느님께 묻는 것입니다. 그때에 우리는 하느님이 우리에게 요구하시는 일을 할 각오가 되어 있다고 선언하는 것입니다.

— 《프란치스코 교황이 초대하는 이달의 묵상: 기도》 중에서

• • •
성모님께 봉헌하는 나의 기도 꽃다발

Date . . .

위하여 기도합니다

오늘의 성찰

신비 5단을 바치세요.

> 성모님은 하느님과 예수님, 성령과 함께 계신다. 그곳에서 우리를 향해 "이리 오렴." 하고 부르시는 성모님의 음성을 들어 보자. "어서 오렴. 너를 안아 주고 싶구나." 하고 말씀하시는 어머니의 사랑을 느껴 보자. 우리는 성모님의 사랑이 절실하게 필요하다. 그렇기에 성모님의 옥좌에 다가가 기도해 달라고 청하자.
>
> ―《묵주 기도》중에서

성모님께 봉헌하는 나의 기도 꽃다발

묵주 기도
16일차

Date . . .

위하여 기도합니다

오늘의 성찰

_____

_____

신비 5단을 바치세요.

> 예수님께서 우리의 말에 귀 기울이신다는 것을 알고, 그분의 눈에 모든 것이 의미가 있음을 안다면, 우리는 희망을 발견할 수 있습니다. 그분께 희망을 청합시다. 손에 묵주를 잡고 선을 행하는 겸손한 종의 마음으로 청해야 합니다.
>
> ―《God is Young》중에서

성모님께 봉헌하는 나의 기도 꽃다발

_____

_____

묵주 기도
17일차

Date . . .

위하여 기도합니다

오늘의 성찰

신비 5단을 바치세요.

> 성모님이 우리를 살펴보시도록 마음을 엽시다. 그러면 더욱 겸손하고 용기 있는 모습으로 하느님의 말씀이신 예수님을 따르고, 그분의 아드님이신 예수님의 따뜻한 품에 안기는 법을 배울 수 있습니다. 우리는 예수님의 품 안에서 생명과 희망과 평화를 얻을 수 있습니다.
>
> ―《프란치스코 교황과 함께 드리는 첫 묵주 기도》 중에서

성모님께 봉헌하는 나의 기도 꽃다발

묵주 기도
18일차

Date . . .

위하여 기도합니다

오늘의 성찰

신비 5단을 바치세요.

성모님을 사랑하세요. 성모님은 사랑이 깊고, 충실하고, 변함이 없으십니다. 성모님은 사랑에 있어 항상 누구보다 앞서시고 항상 최고의 자리를 지키실 것입니다. 당신이 위험 중에 있을 때 서둘러 구해 주실 것입니다. 성모님은 영원으로 향하는 여정에서 당신과 함께하기 위해 즉시 달려오실 것입니다.

— 가브리엘 포센티 성인

성모님께 봉헌하는 나의 기도 꽃다발

"어머니, 저에게 무엇을 바라십니까?
아직 저의 때가 오지 않았습니다."
이번에 행한 표지는 카나의 혼인 잔치에서처럼
내 요청에 의해서가 아니라 예수가 자신의 벗을 위해,
이 지상에서의 마지막 날들에 행한
사랑의 표현이었다는 차이점이 있을 뿐이었단다.
그리고 장차 이 사랑의 행위는
다른 표현으로 마치게 될 것이었지.
예수는 오직 하느님의 사랑을 세상에 전하기 위해 왔단다.
모두를 위한 이 사랑은 특히 가련한 사람들,
하느님의 사랑이 더욱 필요한 죄인과 가난한 이들,
병상에서 신음하는 이들과 고통받는
이들을 위한 것이었어.

— 《마리아의 비밀》 중에서

묵주 기도
19일차

Date   .   .   .

위하여 기도합니다

오늘의 성찰

신비 5단을 바치세요.

> 여러분 자신을 위해 사랑의 행위를 하시기 바랍니다. 스마트폰을 바라보듯이 그렇게 몇 분이라도 고정된 시선을 묵주 기도에 쏟으십시오. 그러면 묵주 기도에 집중할 수 있습니다. 또는 가상 묵주 애플리케이션을 내려받아서 기도하셔도 됩니다. 성모님은 형식이 아닌 내용을 보시기에 아무 문제가 되지 않습니다. 그분은 진실한 마음을 눈여겨보십니다.
>
> ―《God is Young》중에서

성모님께 봉헌하는 나의 기도 꽃다발

Date . . .

위하여 기도합니다

오늘의 성찰

신비 5단을 바치세요.

거룩하신 하늘의 어머니, 성모 마리아여, 당신을 저희 어머니요 저희 여왕으로 사랑하고 공경하나이다. 저희가 더욱더 거룩한 삶을 살 수 있도록 하느님에 대한 지식과 사랑이 성장할 수 있는 은총을 구해 주소서. 자애로우신 성모님, 저희를 위하여 빌어 주시어. 저희가 항상 당신 안에서 위안을 얻을 수 있도록 도와주소서.

— 《묵주 기도》 중에서

성모님께 봉헌하는 나의 기도 꽃다발

묵주 기도
21일차

Date   .   .   .

위하여 기도합니다

오늘의 성찰

신비 5단을 바치세요.

> 우리가 기도를 드리면 하느님께서는 당신의 빛으로 우리 이성을 비추어 주시고 초자연적인 사랑의 불꽃으로 우리 의지를 따뜻하게 데워 주십니다. 기도는 하느님께서 내리시는 축복의 물입니다. 이 물은 우리 안에 흐르며 선한 생각의 싹을 틔우고 영혼의 결함을 씻어 내 주며 마음의 갈증을 해소해 줍니다.
>
> — 《신심 생활 입문》 중에서

성모님께 봉헌하는 나의 기도 꽃다발

묵주 기도 22일차

Date   .   .   .

위하여 기도합니다

오늘의 성찰

신비 5단을 바치세요.

> 하루 중 어느 때나, 우리가 어디에 있든, 누구를 만나든, 우리는 그리스도를 본받아야 합니다. 비록 우리가 바라는 대로 하지 못하더라도 하느님은 여전히, 새로운 희망과 목적을 가지고 용서를 비는 우리의 기도를 따뜻하게 들어주십니다.
>
> — 《프란치스코 교황이 초대하는 이달의 묵상: 기도》 중에서

성모님께 봉헌하는 나의 기도 꽃다발

> 묵주 기도
> **23일차**

Date   .   .   .

> 위하여 기도합니다

오늘의 성찰

신비 5단을 바치세요.

> 성모님은 따뜻한 어머니처럼 상냥함과 자비와 사랑이 넘치는 시선으로 우리를 바라보십니다. 그러니 우리가 각자 자신의 문제들로 지치고, 낙담하고, 짓눌릴 때면 성모님을 바라봅시다. 그리고 우리 마음에 "얘야, 힘내거라! 너를 응원하는 내가 있잖니!"라고 말씀하시는 그분의 시선을 느껴 봅시다.
>
> — 《프란치스코 교황이 초대하는 이달의 묵상: 성모 마리아》 중에서

성모님께 봉헌하는 나의 기도 꽃다발

Date . . .

위하여 기도합니다

오늘의 성찰

신비 5단을 바치세요.

제 마음이 비록 메마르고 소심하나 당신은 그런 제 마음을 받아들이시어 변화시켜 주십니다. 주님, 저를 도와주시어 저의 모든 것을 변화시켜 주소서. 저는 이제 예전처럼 살고 싶지 않습니다. 이제까지 저를 사랑하시며 저에게 끝없는 사랑을 받아 마땅한 당신의 선하심을 배반하고 저버렸습니다. 이전에 제가 드리지 못한 사랑을 이제 가득 채울 수 있게 하소서.

— 《성체 조배》 중에서

성모님께 봉헌하는 나의 기도 꽃다발

묵주 기도
25일차

Date . . .

위하여 기도합니다

• •••
오늘의 성찰

신비 5단을 바치세요.

성모님처럼 우리도 하느님을 온전히 신뢰하도록, 거룩함과 성화의 길로 올라가도록 부르심 받았다는 사실을 알고 있는가? 오늘 하늘에 계신 아버지께 "네." 하고 응답했는가? 오늘 묵주 기도를 바치면서 각 신비에 대하여 묵상했는가? 이러한 질문에 답하면서 각 신비에 대하여 묵상할수록 예수님과 성모님, 요셉 성인과 더욱더 친밀해질 것이다.

— 《묵주 기도》 중에서

• •••
성모님께 봉헌하는 나의 기도 꽃다발

Date   .   .   .

위하여 기도합니다

오늘의 성찰

신비 5단을 바치세요.

하느님 나라가 펼쳐지는 우리 마음속 가장 깊숙한 곳은 그분께서 주재하십니다. 거기에서는 사람이 요구할 만한 권한이나 기대, 자신만만한 평가나 판단도 무기력할 뿐입니다. 그럼에도 불구하고 그곳에서 사람은 치유되고 온전해집니다.

— 《기쁨, 영혼의 빛》 중에서

성모님께 봉헌하는 나의 기도 꽃다발

묵주 기도
27일차

Date . . .

위하여 기도합니다

오늘의 성찰

신비 5단을 바치세요.

이제 제가 당신의 거룩한 뜻에 따라 살면서, 제 모든 것을 버릴 수 있도록 도와주십시오. 저는 당신 뜻에 따라 살고 죽기를 원합니다. 당신의 기쁨이 제 기쁨이며, 당신의 바람이 제 바람입니다.
저의 하느님, 저를 도와주시어 오직 당신만을 위해 살게 하시며 오직 당신의 뜻만을 찾고, 당신의 뜻만을 사랑하게 하소서.

― 《성체 조배》 중에서

성모님께 봉헌하는 나의 기도 꽃다발

내 영혼은 예수와 합일해 있었어.
나는 예수의 가장 어려운 순간이
이미 지났다는 생각이 들었지.
예수가 올리브 동산에서 하느님께 고통에 찬
기도를 올리던 그 시간뿐만 아니라,
우물처럼 깊은 감옥에 갇혀 있던 시간에도
내 영혼 안에서 예수의 두려움을 고스란히 느낄 수 있었어.
이제 예수는 더 이상 버틸 힘이 없는 듯했어.
그리고 그 순간, 나를 찾는 예수의 음성을 들었단다.
"어머니, 이리로 와 주세요. 제게는 어머니가 필요해요."

― 《마리아의 비밀》 중에서

묵주 기도
28일차

Date . . .

위하여 기도합니다

오늘의 성찰

신비 5단을 바치세요.

우리는 겸손과 사랑으로 기도해야 합니다. 겸손은 하느님과 일대일로 마주하고 말씀 드릴 때 나옵니다. 그리고 우리를 위하시는 하느님의 사랑을 체험할 때, 우리는 그 사랑을 나누라는 부름을 받습니다.

— 《프란치스코 교황이 초대하는 이달의 묵상: 기도》 중에서

성모님께 봉헌하는 나의 기도 꽃다발

Date . . .

위하여 기도합니다

오늘의 성찰

신비 5단을 바치세요.

> 거룩한 어머니, 하느님의 어머니시여, 특히 용서를 가장 필요로 하는 죄인들을 위해서도 비오니 저희가 죽을 때에도 저희를 위하여 빌어 주소서. 우리 주 예수 그리스도의 이름으로 비나이다. 아멘!
>
> — 《묵주 기도》 중에서

성모님께 봉헌하는 나의 기도 꽃다발

묵주 기도
30일차

Date . . .

위하여 기도합니다

오늘의 성찰

신비 5단을 바치세요.

> 좋을 때는 하느님을 찬양하고, 보이든 보이지 않든 온갖 복을 내려 주시는 하느님께 감사를 드려야 합니다. 그렇게 하느님께 최선을 다해 응답해야 합니다. 하느님과 우리의 이러한 직접적인 만남은 다른 사람과 우리의 만남 또한 소중하게 만들어 줄 것입니다.
>
> ―《프란치스코 교황이 초대하는 이달의 묵상: 기도》 중에서

성모님께 봉헌하는 나의 기도 꽃다발

Date . . .

위하여 기도합니다

오늘의 성찰

신비 5단을 바치세요.

하느님이 당신을 위해 마련해 놓으신 소명을 제대로 따를 수 있도록 삶을 신중하게 선택하며 살아가는 것이 중요합니다. 그러니 이 목표를 위해 하루도 빠짐없이 기도해야 합니다. 바오로 사도와 함께 다음과 같이 자주 질문하십시오. "주님, 제가 무엇을 하길 원하십니까?"

— 요한 보스코 성인

성모님께 봉헌하는 나의 기도 꽃다발

묵주 기도
32일차

Date　　　.　　　.　　　.

위하여 기도합니다

오늘의 성찰

신비 5단을 바치세요.

> 영원한 당신의 행복은 제가 누릴 수 있는 모든 선보다 더 값집니다. 제 행복도 구세주이신 당신 선의 충만함에 있습니다. 그 모든 선으로 충만해지길 간절히 소망하오니, 제 의지와 오감, 능력을 비롯한 모든 것이 당신을 위해 쓰이게 해 주십시오. 그리고 항상 당신 영광을 찬양하게 하소서.
>
> ― 《성체 조배》 중에서

성모님께 봉헌하는 나의 기도 꽃다발

묵주 기도
33일차

Date . . .

위하여 기도합니다

• • •
오늘의 성찰

신비 5단을 바치세요.

> 기쁨은 영혼 깊은 곳에 감추어져 있습니다. 그 기쁨은 일그러진 대화, 성공적이지 못한 만남으로 야기된 분노나 슬픔으로 인해 깊이 묻혀 있습니다. 하지만 기도는 다시금 영혼 밑바닥까지 저를 안내합니다. 마음속 가장 내밀한 방, 하느님과 함께 기쁨이 머무는 곳으로 말입니다.
>
> ― 《기쁨, 영혼의 빛》 중에서

• • •
성모님께 봉헌하는 나의 기도 꽃다발

묵주 기도
34일차

Date   .   .   .

위하여 기도합니다

오늘의 성찰

신비 5단을 바치세요.

우리 주님께서는 특히 다른 이의 행복에서 기쁨을 발견하는 이들을 소중히 여기십니다. 우리가 다른 이의 행복에 기뻐하는 법을 배우지 못하고 무엇보다도 우리 자신에게 필요한 것에만 집중한다면 기쁨이 없는 삶을 피할 수 없게 됩니다.

― 《프란치스코 교황이 알려 주는 가정 성화의 길》 중에서

성모님께 봉헌하는 나의 기도 꽃다발

묵주 기도
35일차

Date . . .

위하여 기도합니다

오늘의 성찰

신비 5단을 바치세요.

사랑이신 주님, 저희가 주님께서 주신 가르침에 따라 사랑은 다른 이의 기쁨을 내 기쁨처럼 여기고 축복해 줄 수 있는 마음임을 깨닫고 실천하도록 도와주소서. 아울러 마음이 다친 이에게는 위로와 격려를, 원하는 바를 이룬 이에게는 진심어린 축하를 건넬 수 있는 따뜻한 마음을 갖게 해 주소서.

― 《프란치스코 교황이 알려 주는 가정 성화의 길》 중에서

성모님께 봉헌하는 나의 기도 꽃다발

묵주 기도
36일차

Date   .   .   .

위하여 기도합니다

오늘의 성찰

신비 5단을 바치세요.

> 부활하신 예수님이 우리 삶 안으로 들어오시도록 그분을 받아들이십시오. 예수님께 신뢰를 두고 그분을 친구로 맞이하십시오. 예수님은 생명이십니다! 두려워하지 말고 예수님께 우리를 맡기고, 그분이 우리 곁에 계신다는 것을 확신하십시오.
>
> — 《프란치스코 교황과 함께 드리는 첫 묵주 기도》 중에서

성모님께 봉헌하는 나의 기도 꽃다발

내가 사랑하는 예수가 이 지상을 영영 떠나고,
이와 같은 방문도 없으리라 생각하니
억장이 무너지는 듯하더구나.
이렇게 손에 잡힐 듯이 내 앞에 와 있는 예수와의 만남이
이제 마지막이라니!
우리 모자의 영적 일치도 끝인 것일까?
온몸을 뒤덮는 고독에 눈물이 쏟아질 것만 같았어.
내 생각을 읽은 예수는 미소를 지으며 내 손을 꼭 쥐고 말했어.
"어머니, 우리의 이별은 잠시입니다.
그것도 결코 완전한 이별이 아니지요.
저는 항상 어머니 곁에 머물 거예요.
그것이 사실임을 곧 알게 되실 겁니다."

― 《마리아의 비밀》 중에서

묵주 기도
37일차

Date　　　．　　　．

위하여 기도합니다

오늘의 성찰

신비 5단을 바치세요.

> 천상의 치유자이신 성모님은 저를 낫게 하실 수 있습니다. 당신이 바라시는 것도 그것이니, 당신을 믿고 그 품안으로 달려갑니다. 제 영혼의 상처를 치유해 주소서. 당신의 아드님께 한 말씀만 건네주시면 제가 곧 나을 것입니다.
>
> ―《성체 조배》중에서

성모님께 봉헌하는 나의 기도 꽃다발

Date . .

위하여 기도합니다

오늘의 성찰

신비 5단을 바치세요.

그분은 이처럼 준비된 동정녀, 준비된 성모님이십니다. 우리가 그분께 도움과 우리를 위한 보호를 요청할 때면, 그분은 이미 도움을 주실 준비를 갖추고 계십니다. 그분의 도움과 보호가 필요한 삶의 순간에, 성모님은 우리를 기다리게 하지 않으신다는 점을 기억합시다.

― 《프란치스코 교황이 초대하는 이달의 묵상: 성모 마리아》 중에서

성모님께 봉헌하는 나의 기도 꽃다발

묵주 기도
39일차

Date

위하여 기도합니다

오늘의 성찰

신비 5단을 바치세요.

"왜인가요?" "왜 제게만 이런 일이 일어난 건가요?" "왜 이렇게 된 걸까요?" "왜 지금인가요?" 이러한 기도는 모두, 우리에게 익숙한 것이지만, 가슴이 찢어지는 기도입니다. 바라던 응답이 주어지지 않는 것처럼 보일 때, 희망도 믿음도 다 사라진 것처럼 느껴질 수 있습니다. 그러나 '어둠 속에서' 나오는 기도야말로 참으로 강력한 기도입니다.

— 《프란치스코 교황이 초대하는 이달의 묵상: 기도》 중에서

성모님께 봉헌하는 나의 기도 꽃다발

Date . . .

위하여 기도합니다

오늘의 성찰

신비 5단을 바치세요.

마리아는 의로운 사람보다는 죄인들을 위하여 천주의 모친이라는 높은 자리에 들어 올려졌습니다. 예수 그리스도는 의인이 아니라 죄인을 부르기 위해 오셨다고 선포하셨기 때문입니다.

— 안셀모 성인

성모님께 봉헌하는 나의 기도 꽃다발

묵주 기도
41일차

Date   .   .

위하여 기도합니다

오늘의 성찰

신비 5단을 바치세요.

> 예수님은 환하게 웃으며 우리를 껴안고 말씀하신다. "나는 너를 위해 죽었다." 부활하신 예수님께 영적으로, 정서적으로, 심리적으로, 관계적으로, 심지어 육체적으로 자신의 모든 것을 치유해 달라고 기도하자. 부활의 힘이 당신 안에 흐를 수 있도록 마음을 그분께 열자.
>
> — 《묵주 기도》 중에서

성모님께 봉헌하는 나의 기도 꽃다발

Date . . .

위하여 기도합니다

오늘의 성찰

신비 5단을 바치세요.

당신의 부르심에 힘차게 응답하기가 어려워 머뭇거릴 때마다 당신은 제게 수많은 사람들을 보내 주십니다. 당신이 제 삶에 보내 주신 선물 덕분에 저는 결국 '예'라고 응답할 용기를 얻게 됩니다. 저의 '예'가 속삭임처럼 미약하게 나올 때마다 성모님의 깊은 믿음을 상기시켜 줄 이들을 제게 보내 주소서.

— 《성모님과 암을 이겨 내기》 중에서

성모님께 봉헌하는 나의 기도 꽃다발

묵주 기도
43일차

Date . . .

위하여 기도합니다

오늘의 성찰

신비 5단을 바치세요.

믿음이란 하느님의 사랑을 믿는 것이고, 어떤 상황에서도 하느님을 의심하지 않고 따르는 것입니다. 비록 여러분이 원하는 바대로 다 이루어지지 않는다 해도 말이지요. 오히려 이루어지지 않을 때야말로 더욱 믿음이 필요한 때입니다. 그로 인해 희망이 움틀 것이고, 그 희망이야말로 오늘, 지금 이 어두운 사막을 견뎌 나가게 할 힘이 될 것입니다.

— 《마리아의 비밀》 중에서

성모님께 봉헌하는 나의 기도 꽃다발

Date . . .

위하여 기도합니다

오늘의 성찰

신비 5단을 바치세요.

하느님의 어머니이신, 원죄 없으신 성모님을 관상하면, 우리는 우리의 운명과 소명을 더욱더 분명하고 깊게 인식할 수 있습니다. 우리는 사랑받기 위해, 그리고 하느님의 아름다우심에 힘입어 변모하도록 부르심을 받았다는 것을 깨달을 수 있습니다.

— 《프란치스코 교황이 초대하는 이달의 묵상: 성모 마리아》 중에서

성모님께 봉헌하는 나의 기도 꽃다발

묵주 기도
45일차

Date . .

위하여 기도합니다

오늘의 성찰

신비 5단을 바치세요.

> 용기 있는 기도는 하느님을 눈으로 직접 뵙고 그 만남을 기뻐하는 기도입니다. 하느님은 은총을 베푸실 때에 우리에게 직접 주십니다. 우리가 문을 두드릴 때에, 하느님은 언제나 기꺼이 문을 여시고, 우리를 반갑게 맞아 끌어안으십니다.
>
> — 《프란치스코 교황이 초대하는 이달의 묵상: 기도》 중에서

성모님께 봉헌하는 나의 기도 꽃다발

"아가야, 너는 동물들의 피신처인
동굴의 구유에서 태어나게 될 거야.
비단과 대리석으로 둘러싸인 곳에서
태어나는 것이 아니란다."
아기에게 이렇게 속삭이고 나서,
나는 깊은 잠에 빠져들었단다.
온순한 당나귀가 우리에게 따뜻한 온기를 주려고 했지만,
무척 한기가 들더구나.
그러나 나는 이 역시도 하느님께 봉헌했지.
'하느님, 이 모든 것을 오직 당신을 위해!'
나는 오로지 그분에 대한 사랑으로
이런 희생을 더욱 크게 봉헌할 수 있었단다.
좌절하거나 절망하는 대신에 말이지.

— 《마리아의 비밀》 중에서

묵주 기도
46일차

Date . . .

위하여 기도합니다

오늘의 성찰

신비 5단을 바치세요.

> 그분의 생애와 죽음은 우리가 매일 묵상하는 데 가장 적합하고 감미로우며 유익한 소재입니다. 구세주께서 몸소 하늘에서 내려 온 빵이라고 하신 말씀은 결코 무의미한 것이 아닙니다. 우리가 빵과 함께 여러 가지 음식을 먹는 것처럼, 모든 기도와 행위를 하는 가운데 주님을 묵상해야 합니다.
>
> ―《신심 생활 입문》중에서

성모님께 봉헌하는 나의 기도 꽃다발

묵주 기도
47일차

Date   .   .   .

위하여 기도합니다

오늘의 성찰

신비 5단을 바치세요.

> 우리는 왕좌가 있는 방에 들어선다. 예수님이 성모님과 천사들에게 둘러싸여 황금빛 왕좌에 앉아 계신다. 하느님이 달려오신다. 우리를 껴안고, 입맞춤하고 하늘로 들어 올리신다. "이는 내 사랑하는 자녀다. 지상에서 받지 못했던 나의 사랑을 받아라. 나의 사랑을 흠뻑 들이마시고 평화를 가득 채워라."
>
> — 《묵주 기도》 중에서

성모님께 봉헌하는 나의 기도 꽃다발

묵주 기도
48일차

Date . . .

위하여 기도합니다

오늘의 성찰

신비 5단을 바치세요.

> 저는 지상에서나 하늘에서나 성모님을 사랑하는 일에 관한 한, 하느님 다음으로 어머니를 사랑하는 이가 되고 싶습니다. 이 바람이 무례할 수도 있으나 저는 어머니의 선하심을 알고 있습니다. 이 소망을 받아 주시어, 당신께 청하는 사랑을 하느님으로부터 얻게 해 주십시오. 하느님께서는 어머니를 향한 이 사랑을 무엇보다도 기뻐하실 것입니다.
> ―《성체 조배》중에서

성모님께 봉헌하는 나의 기도 꽃다발

Date . . .

위하여 기도합니다

오늘의 성찰

신비 5단을 바치세요.

> 평화롭게 계속 가십시오. 여러분은 훌륭한 길을 따랐습니다. 두려움 없이 계속 가십시오. 여러분을 창조하신 분이 여러분을 거룩하게 해 주시고, 항상 보호해 주시고, 어머니로서 사랑해 주십니다. 하느님, 저희를 창조해 주심에 깊이 감사드립니다.
>
> — 아시시의 클라라 성녀

성모님께 봉헌하는 나의 기도 꽃다발

묵주 기도
50일차

Date   .   .   .

위하여 기도합니다

오늘의 성찰

신비 5단을 바치세요.

> 하느님의 눈에, 우리는 모두 기도하는 형제자매들입니다. 결코 일류 기도, 이류 기도 같은 것은 없습니다. 하느님 앞에서 모든 기도는 똑같습니다. 그렇게 보이지 않을 때에도, 우리는 하느님의 사랑과 보살핌을 믿어야 합니다.
>
> ― 《프란치스코 교황이 초대하는 이달의 묵상: 기도》 중에서

성모님께 봉헌하는 나의 기도 꽃다발

묵주 기도
51일차

Date

위하여 기도합니다

오늘의 성찰

신비 5단을 바치세요.

하느님은 열정적이고 존경하는 마음으로 그분에게 다가가는 사람을 찾으십니다. 왜냐하면 그분은 우리를 사랑하시고, 키우시고, 당신 자녀로 삼으시기 때문입니다.

— 보나벤투라 성인

성모님께 봉헌하는 나의 기도 꽃다발

묵주 기도
52일차

Date . . .

위하여 기도합니다

오늘의 성찰

신비 5단을 바치세요.

> 성모님의 사랑은 우리에게 흘러들어와 깊이 사랑받는 느낌을 준다. 그러니 성모님께 이 아름다운 순간에 우리의 영혼이 모든 것에 열려 있게 해 달라고 청하자. 성모님의 가슴에 기대고, 성모님의 모성에 폭 잠기자.
> ― 《묵주 기도》 중에서

성모님께 봉헌하는 나의 기도 꽃다발

Date . . .

위하여 기도합니다

오늘의 성찰

신비 5단을 바치세요.

> 여러분은 우리가 희망하는 이유입니다. 모든 게 끝난 것처럼 보일 때, 헤아릴 수 없이 많은 부정적인 일들이 눈앞에 펼쳐질 때, 더 이상 믿음을 유지하기 힘들고 더 이상 아무 의미도 없다고 말하고 싶을 때, 소식을 전하는 이가 한 걸음에 달려와 우리에게 아름다운 소식을 전해 줍니다.
>
> —《그래도 희망》중에서

성모님께 봉헌하는 나의 기도 꽃다발

묵주 기도
54일차

Date　　　.　　　.　　　.

위하여 기도합니다

오늘의 성찰

신비 5단을 바치세요.

그분의 응답은 그리스도의 십자가입니다. 예수님의 십자가는 사랑과 자비와 용서를 담고 있습니다. 하지만 그와 동시에 이 십자가는 심판의 말씀이기도 합니다. 하느님은 우리를 사랑하시면서 심판하십니다. 우리는 이 사실을 잊지 말아야 합니다.

— 《프란치스코 교황과 함께 드리는 첫 묵주 기도》 중에서

성모님께 봉헌하는 나의 기도 꽃다발

예수가 이런 이야기를 예로 든 적이 있단다.
굶주린 이들의 배고픔을 해결하기 위해
마을 광장에 큰 빵을 두어 한 조각씩 떼어먹게 했는데,
사람들 대부분은 그 자리에 왜 빵이 놓여 있는지,
왜 자신들이 떼어 먹을 수 있게 되었는지,
장차 그 빵은 어떻게 될 것인지를
전혀 생각하지 않는다는 것이었어.
나는 이 이야기가 예수 자신을 빗댄 것임을 알 수 있었어.
예수가 자신의 삶을 조금씩 떼어 줄 때마다,
즉 예수의 손에서 이루어지는 하느님의 사랑,
그 사랑으로 이루어지는 기적을 베풀 때마다 느끼는
절망감을 표현한 것이란다.

— 《마리아의 비밀》 중에서

묵주 기도
55일차

Date　　.　　.　　.

위하여 기도합니다

오늘의 성찰

신비 5단을 바치세요.

> 복되신 동정 마리아는 '바다의 별'이라 불리십니다. 망망대해를 항해하는 사람들은 별을 주의 깊게 바라보며 항구로 찾아듭니다. 이와 마찬가지로, 그리스도인들은 계속 성모님을 바라보며 천상 영광으로 인도됩니다.
>
> — 토마스 아퀴나스 성인

성모님께 봉헌하는 나의 기도 꽃다발

Date . . .

위하여 기도합니다

오늘의 성찰

신비 5단을 바치세요.

우리에게는 하느님이 필요합니다. 우리는 우리가 필요하다고 느끼는 바로 그 자리에 하느님이 계신다고 믿어야 합니다. 우리가 진심에서 우러나오는 기도를 한다면, 그 믿음이 뿌리를 내리기 시작할 것입니다.

— 《프란치스코 교황이 초대하는 이달의 묵상: 기도》 중에서

성모님께 봉헌하는 나의 기도 꽃다발

묵주 기도
57일차

Date   .   .   .

위하여 기도합니다

오늘의 성찰

신비 5단을 바치세요.

지극히 높으신 하느님, 우리를 위해 당신 자신을 낮추셨음을 찬미합니다. 하느님, 당신은 무한하신 분임에도 우리를 위해 작은 존재가 되셨습니다. 당신은 한없이 부유하신 분임에도 우리를 위해 가난한 존재가 되셨습니다. 당신은 전능하신 분임에도 우리를 위해 미약한 존재가 되셨습니다.

— 《프란치스코 교황과 함께 드리는 첫 묵주 기도》 중에서

성모님께 봉헌하는 나의 기도 꽃다발

Date . . .

위하여 기도합니다

오늘의 성찰

신비 5단을 바치세요.

하느님과의 직접적인 만남에 마음을 열어 놓는다면, 우리가 원하는 일이 이루어지지 않은 까닭을 알 수 있습니다. 또한 우리가 받은 것이 무엇인지를 깨달을 수 있습니다.

— 《프란치스코 교황이 초대하는 이달의 묵상: 기도》 중에서

성모님께 봉헌하는 나의 기도 꽃다발

묵주 기도
59일차

Date . . .

위하여 기도합니다

오늘의 성찰

신비 5단을 바치세요.

우리가 음식에 양념을 넣으면 우리 손이 스친 곳에 양념의 향내가 납니다. 우리 기도에도 성모 마리아의 손길이 스치도록 합시다. 성모님은 우리 기도를 향기롭게 만드실 것입니다.

― 요한 마리아 비안네 성인

성모님께 봉헌하는 나의 기도 꽃다발

Date . . .

위하여 기도합니다

오늘의 성찰

신비 5단을 바치세요.

오, 거룩한 성모 마리아, 저의 어머니여! 오늘 그리고 매일 또 제가 죽는 순간에 성모님의 복된 신뢰와 특별한 보호에, 성모님 자비의 가슴에 제 영혼과 몸을 맡기나이다. 저의 모든 불안과 슬픔, 그리고 제 모든 삶과 최후의 순간을 성모님께 맡깁니다. 저의 모든 행위를 성모님과 예수님의 뜻에 의해 지시받고 통제받을 수 있게 하기 위해서입니다. 아멘.

— 알로이시오 곤자가 성인

성모님께 봉헌하는 나의 기도 꽃다발

묵주 기도
61일차

Date . . .

위하여 기도합니다

오늘의 성찰

신비 5단을 바치세요.

> 삶의 역사를 가만히 들여다보며 관심을 기울인다면, 우리는 결코 혼자가 아님을 깨달을 수 있습니다. 무엇보다도 하느님께서 내 삶 안에서 행동하십니다. 그분이야말로 모든 행동의 절대적인 주인공이십니다. 그분은 만물을 사랑으로 창조하셨으며, 당신의 구원 계획이라는 씨실을 짜시고, 당신의 아들 예수님을 통해 우리를 위해 구원 계획을 완성으로 이끄십니다.
> ―《그래도 희망》 중에서

성모님께 봉헌하는 나의 기도 꽃다발

Date . . .

위하여 기도합니다

오늘의 성찰

신비 5단을 바치세요.

> 우리는 언제든지 밖으로 나가야 합니다! 이것은 하느님의 사랑과 너그러움, 존중과 인내로 이루어지는 것입니다. 그렇게 우리가 우리의 손과 발과 마음을 내놓으면, 하느님은 우리를 이끌어 주시어 다른 이들을 만나러 밖으로 나가는 우리의 활동이 풍성한 열매를 맺을 수 있도록 해 주실 것입니다.
>
> ─《프란치스코 교황과 함께 드리는 첫 묵주 기도》중에서

성모님께 봉헌하는 나의 기도 꽃다발

묵주 기도
63일차

Date . . .

위하여 기도합니다

오늘의 성찰

신비 5단을 바치세요.

성모님은 하느님이 그분에게 요구하시는 것일때, 그리고 꼭 해야만 하는 일이 분명할 때는 지체 없이 곧바로 행동하셨습니다. 이렇게 하느님의 말씀에 순종하여, 성모님의 행동은 애덕과 하나가 되었습니다.

— 《프란치스코 교황이 초대하는 이달의 묵상: 성모 마리아》 중에서

성모님께 봉헌하는 나의 기도 꽃다발

시간이 흐른 뒤에야,
나는 예수가 느낀 그 갈증이 과연 무엇이었는지
정확히 알게 되었단다.
예수는 영원히 목마르지 않게 할 물을 주는 원천지였지.
인간의 마음에 흐르는 죄의 바닷물을
모두 마셔야 했던 예수는,
자신의 마음을 타는 목마름으로 표현한 것이었단다.
예수는 신 포도주를 마신 후에 하늘을 우러러 보더니
이어 내게 시선을 돌리며 말했어.
"다 이루어졌다."
그리고 곧 고개를 숙이고 숨을 거두었어.

— 《마리아의 비밀》 중에서

묵주 기도
64일차

Date . . .

위하여 기도합니다

오늘의 성찰

신비 5단을 바치세요.

> 오, 영광스러운 여왕이여, 우리에게 자비의 눈길을 던져 주소서. 우리 간청을 은혜로이 받아들이소서. 당신을 하느님 마음에 드는 존재로 만들어 준 당신의 원죄 없는 몸과 마음의 순수성을 통하여, 우리에게 순수하고 죄 없는 사랑을 불어넣어 주소서.
>
> — 파스카시오 성인

성모님께 봉헌하는 나의 기도 꽃다발

묵주 기도
65일차

Date . . .

위하여 기도합니다

••••
오늘의 성찰

신비 5단을 바치세요.

> 예수님은 우리에게 당신과 함께 가자고, 하느님 나라를 위해 당신과 함께 일하자고 초대하십니다. 우리를 바라보고 부르시는 예수님께 응답하고 그분을 따라나섭시다! 그리하여 복음의 기쁨이 땅 끝까지 다다르고 복음의 빛이 이 세상 변두리 곳곳에 퍼져 나가게 합시다.
>
> ― 《프란치스코 교황과 함께 드리는 첫 묵주 기도》 중에서

••••
성모님께 봉헌하는 나의 기도 꽃다발

묵주 기도
66일차

Date . . .

위하여 기도합니다

오늘의 성찰

신비 5단을 바치세요.

제 영혼의 하느님, 당신의 뜻을 따라 이 모든 것을 다 잃는다 해도 그것은 복된 일입니다. 최고의 선이신 당신을 사랑하며, 저는 당신을 향한 세라핌들의 사랑과 성모님의 마음, 그리고 예수님의 마음과 하나가 됩니다. 제 모든 것을 다해 당신을 사랑합니다. 오직 당신만을 사랑하게 하소서.

— 《성체 조배》 중에서

성모님께 봉헌하는 나의 기도 꽃다발

Date　　　．　　．　　．

위하여 기도합니다

● ● ●
오늘의 성찰

신비 5단을 바치세요.

> 우리는 삶 안에서 절망과 비탄에 빠지도록 유혹을 받습니다. 때때로 비탄에 빠지거나, 무엇을 청해야 할지 혹은 무엇을 희망해야 할지 알지 못하기도 합니다. 그러나 희망의 숨결이신 성령께서 다시 한번 우리를 도와주러 오실 것입니다. 그분은 우리 마음의 탄식과 기다림을 생생하게 유지시켜 주십니다.
>
> —《그래도 희망》중에서

● ● ●
성모님께 봉헌하는 나의 기도 꽃다발

묵주 기도
68일차

Date . . .

위하여 기도합니다

오늘의 성찰

신비 5단을 바치세요.

> 오, 천주의 어머니시여! 당신에게 신뢰를 두면 저는 구원을 받을 것입니다. 성모님이 보호해 주신다면 저는 두려울 것이 하나도 없습니다. 성모님의 도움으로 원수들에게 싸움을 걸고, 원수들을 무찌를 것입니다. 당신에 대한 봉헌이 구원의 무기이기 때문입니다.
>
> — 다마스쿠스의 요한 성인

성모님께 봉헌하는 나의 기도 꽃다발

Date . . .

위하여 기도합니다

오늘의 성찰

신비 5단을 바치세요.

> 저희는 자주 사랑이라는 이름으로 상대방을 속박하고 가르치며 바꾸려 드는 언행을 하였습니다. 그때마다 힘들고 외로웠을 이들에게 용서를 구할 수 있는 용기와 사랑하는 이를 있는 그대로 믿고 따를 수 있는 진정한 사랑의 마음을 내려 주소서.
>
> —《프란치스코 교황이 알려 주는 가정 성화의 길》중에서

성모님께 봉헌하는 나의 기도 꽃다발

묵주 기도
70일차

Date   .   .   .

위하여 기도합니다

오늘의 성찰

신비 5단을 바치세요.

일상의 온갖 걱정과 곤경에 사로잡혀 마음이 짓눌리면, 하느님의 약속을 바라보지 못할 수 있습니다. 때때로 하느님이 매우 멀리 계신다고 느껴집니다. 그럴 때일수록 단순한 마음으로 돌아가 스스로 우리 일을 해내야 할 것입니다. 마음속 깊이 기도하고, 분노와 고통 속에서도 두려움 없이 하느님 앞에 나아가야 합니다.

— 《프란치스코 교황이 초대하는 이달의 묵상: 기도》 중에서

성모님께 봉헌하는 나의 기도 꽃다발

묵주 기도
71일차

Date . . .

위하여 기도합니다

오늘의 성찰

신비 5단을 바치세요.

하느님께서는 기도하는 이에게 그의 삶을 다시 기쁨으로 되돌려 주시는 든든한 보증인과 같습니다. 우리는 이러한 체험을 수없이 반복하게 될 것입니다. 비가 온 후에 땅이 굳어지듯이, 슬픔 뒤에 단단함이, 큰 기쁨이 뒤따를 것입니다. 기도 중에 우리는 하느님께서 우리를 친히 보살피시고 슬픔을 기쁨으로 바꾸시는 것을 체험하게 될 것입니다.

— 《기쁨, 영혼의 빛》 중에서

성모님께 봉헌하는 나의 기도 꽃다발

묵주 기도
72일차

Date . . .

위하여 기도합니다

• •••
오늘의 성찰

신비 5단을 바치세요.

> 어머니이신 마리아를 본보기로 삼은 우리의 선교는 풍성한 열매를 맺을 것입니다. 우리가 걷고 있는 신앙의 나그넷길, 우리 마음의 열망, 우리의 궁핍함, 온 세상을 위해 필요한 것, 특히 하느님의 정의와 평화에 대한 굶주림과 목마름을 성모님께 의탁합시다.
>
> — 《프란치스코 교황과 함께 드리는 첫 묵주 기도》 중에서

• •••
성모님께 봉헌하는 나의 기도 꽃다발

묵주 기도 노트

2022년 7월 22일 교회 인가
2022년 10월 7일 초판 1쇄 펴냄
2025년 4월 22일 초판 5쇄 펴냄

지은이 · 가톨릭출판사 편집부
펴낸이 · 정순택
펴낸곳 · 가톨릭출판사
편집 겸 인쇄인 · 김대영
편집 · 김지현, 강서윤, 김지영, 박다솜
디자인 · 강해인, 이경숙, 정호진
마케팅 · 임찬양, 안효진, 황희진, 노가영

본사 · 서울특별시 중구 중림로 27
등록 · 1958. 1. 16. 제2-314호
전자우편 · edit@catholicbook.kr
전화 · 1544-1886(대표 번호)
지로번호 · 3000997

ISBN 978-89-321-1833-8 03230

값 7,000원

전례문 ⓒ 한국천주교중앙협의회, 2022.

이 책은 저작권법에 의해 보호를 받는 저작물이므로 무단 전재와 무단 복제를 금합니다.

가톨릭의 모든 도서와 성물, 디지털 콘텐츠를 '가톨릭북플러스'에서 만날 수 있습니다.
https://www.catholicbookplus.kr | (02)6365-1888(구입 문의)